Léon

Annie Groovie

Léon

et les grands mystères

la courte échelle

Introduction !

Depuis la création de l'univers, il y a de cela des milliards d'années, nous avons connu toutes sortes de phénomènes étranges qui restent, encore aujourd'hui, bien mystérieux : les fantômes, le coup de foudre, la disparition des dinosaures, les extraterrestres, et plus encore !

Même si des scientifiques ont étudié ces phénomènes, comme la plupart ne sont pas visibles ou se sont passés il y a très longtemps, il est presque impossible de trouver des éléments pour enfin prouver leur existence. Ce livre ne contient donc pas de réponses précises à leur sujet, mais présente plutôt des hypothèses. Après tout, ce n'est pas pour rien qu'on les appelle les grands mystères !

En voici quelques-uns dont tu as certainement déjà entendu parler. J'ai tenté malgré tout de les expliquer et, parfois même, de les démystifier, c'est-à-dire de te révéler leur secret. Sans plus tarder, laisse-toi embarquer dans le monde intrigant et fascinant des grands mystères...

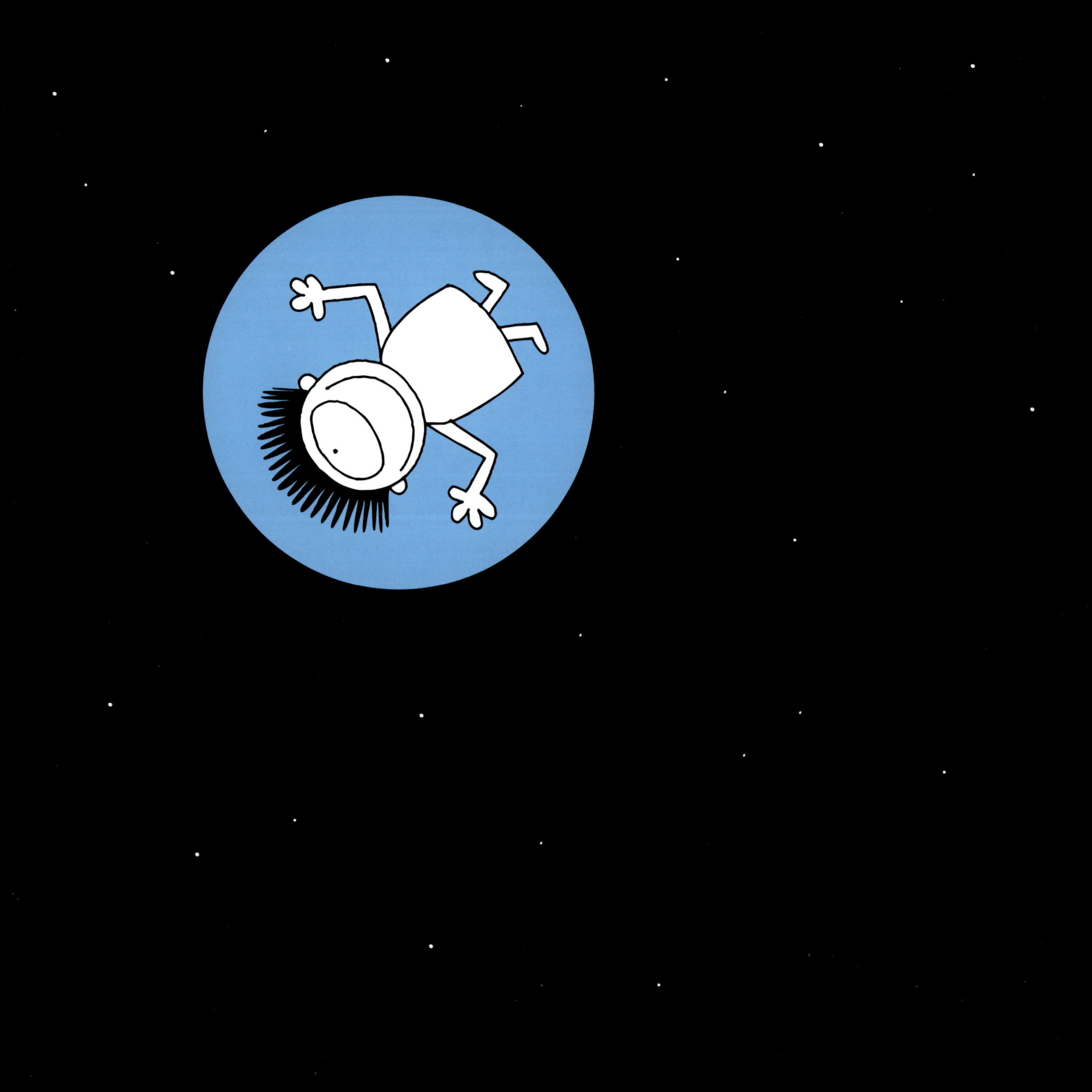

LA CRÉATION DE L'UNIVERS

L'Univers n'a pas toujours existé. Selon les astrophysiciens, il aurait près de 15 milliards d'années et continuerait encore de se transformer aujourd'hui. D'après ce qu'on en sait, il ne serait pas né d'une explosion, mais plutôt d'une réunion de particules. Cependant, il reste encore bien des questions à ce sujet. Qui sait, peut-être de nouvelles observations viendront-elles un jour changer notre connaissance de l'Univers !

LES EXTRATERRESTRES

On nomme extraterrestres des êtres venus de l'espace. Il est possible que, parmi toutes les planètes de l'univers, au moins une autre que la Terre soit habitée. Mais il n'a pas été prouvé jusqu'ici que de « petits hommes verts » s'amusent à nous visiter, comme certains l'affirment.

LE MONSTRE DU LOCH NESS

Le loch Ness est un lac situé en Écosse et réputé pour son monstre, qu'on a baptisé Nessie. Les dizaines de personnes qui auraient aperçu cette créature parlent d'un dinosaure ou d'un poisson géant à long cou, qui serait venu de l'océan par des passages sous-marins. Mais on n'a pas la moindre preuve de son existence, juste quelques photos vraiment floues. Au fond, c'est peut-être une grosse blague des habitants de la région pour attirer les touristes !

LES FEMMES À BARBE

Savais-tu qu'avant, dans les cirques, on se servait d'individus atteints de malformations physiques pour attirer les curieux ? Les femmes à barbe étaient parmi eux. Comme elles avaient l'air étranges, elles devenaient célèbres rapidement. C'est qu'à cette époque on ne comprenait pas encore toutes les causes d'un tel phénomène. Au fond, ce n'était rien de plus qu'une bizarrerie de la nature !

LA TÉLÉPATHIE

La télépathie se produit quand des personnes se transmettent leurs pensées sans parler ni écrire, juste en se concentrant. Il existe des tests pour vérifier ce phénomène mais, trop souvent, ça ne fonctionne pas. Les participants disent que la nervosité les empêche de réussir. Et comme tout ça se passe dans leur tête, c'est très difficile à prouver !

STONEHENGE

Stonehenge est un site où l'on trouve d'immenses statues en pierres massives formant un cercle, construites il y aurait près de 5000 ans, en Grande-Bretagne. Dernièrement, des archéologues ont découvert qu'il s'agissait d'un cimetière. Intéressant ! Par contre, le mystère demeure : comment de simples humains sans machinerie ont-ils réussi à bâtir ces monuments gigantesques ? Là est la vraie question.

LA DISPARITION DES DINOSAURES

Les dinosaures vivaient sur Terre il y a plusieurs millions d'années. Mais comment ont-ils disparu ? Certains affirment qu'un énorme caillou venant de l'espace, une météorite, aurait un jour frappé la planète. À cause de l'impact, il aurait soudain fait très sombre et très froid, tellement que les pauvres animaux n'auraient pas pu s'adapter. Une chance ! Sinon, on leur aurait sûrement servi de repas !

L'ATLANTIDE

Qu'est-ce que l'Atlantide ? C'est le nom d'un ancien continent qui aurait disparu sous la mer, en un seul jour, à la suite d'un gros déluge. Jusqu'ici, de nombreuses explorations ont été menées, mais personne ne s'entend sur l'endroit précis où il aurait été situé. C'est comme chercher une goutte d'eau dans l'océan !

Ah non,
je vais éternuer !

L'HOMME AU MASQUE DE FER

Cet homme est l'un des prisonniers les plus connus de France. Pour éviter qu'on le reconnaisse, on avait caché son visage en permanence derrière un masque de fer. Mais pourquoi tenait-on à le déguiser ainsi ? On suppose qu'il devait s'agir de quelqu'un de haut rang et d'un peu encombrant — on parle même du jumeau du roi Louis XIV. On n'a jamais su son nom, mais une chose est certaine, il aurait fait fureur dans les bals masqués !

LES RÊVES PRÉMONITOIRES

Tu rêves d'un ami que tu n'as pas vu depuis longtemps et tu le croises dans la rue peu après. Serait-ce une prémonition ? Eh bien, non, ce ne serait que le simple fruit du hasard. Sinon, il se pourrait que ta mémoire te joue des tours en te faisant croire que tu as eu ce rêve. Notre cerveau est très fort et peut parfois même faire le petit farceur !

LES AURAS

L'aura est un faisceau lumineux, diffus, qui brillerait autour de notre corps et qui changerait même de couleur selon notre humeur ou notre état de santé. Seuls quelques chanceux se disent capables de l'apercevoir. Encore une fois, rien de tout ça n'est prouvé, car aucun instrument, même le plus sensible, n'arrive à la détecter. Humm… c'est louche !

HOUDINI, LE GRAND MAGICIEN

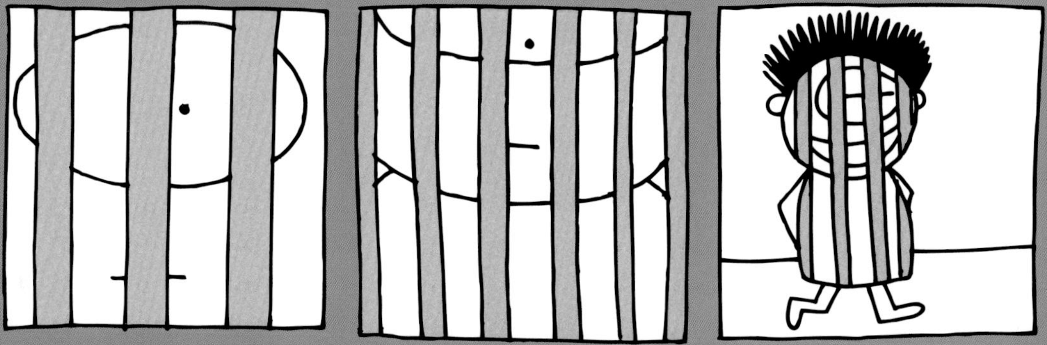

Houdini a été un des premiers maîtres de l'évasion. Il était si agile et si ingénieux qu'il arrivait à sortir d'une caisse remplie d'eau, fermée avec une chaîne, dans laquelle il était lui-même attaché. Cependant, il a toujours affirmé qu'il n'avait pas de pouvoirs magiques et que tous ses trucs étaient bien… des trucs.

LA VOYANCE

Les voyants, ou « diseurs de bonne aventure », sont des personnes qui prétendent lire l'avenir dans les boules de cristal, les lignes de la main, les cartes ou même les feuilles de thé ! Est-ce possible ? Penses-y. Si l'un d'entre eux te dit : « Ça ira mal pour toi ! », tu vas remarquer tous tes petits malheurs. S'il t'annonce le contraire, tu vas plutôt voir le bon côté des choses. Il aura donc toujours raison ! Est-ce vraiment prédire l'avenir, ça ?

LES SIRÈNES

Ces femmes à queue de poisson auraient été aperçues en mer par de nombreux marins. Attirés par celles-ci, ils changeaient vite de direction avec leur bateau, causant souvent son naufrage. Un jour, un journaliste a cru résoudre le mystère : les sirènes seraient des femelles lamantins ! Ces mammifères marins aux grandes mamelles et au chant envoûtant auraient très bien pu être pris pour des femmes. Pas fou ! En tout cas, cela est plus convaincant que les témoignages des marins.

LES VAMPIRES

Les vampires sont des êtres imaginaires au teint pâle et aux dents très pointues, dont le plus célèbre est le comte de Dracula. Parce qu'ils ont peur de la lumière, ils ne sortent que la nuit pour se nourrir du sang des gens. Toutefois, personne ne les a jamais vus en pleine action. S'ils existaient, il y a longtemps que les dentistes nous l'auraient dit ! Tu ne crois pas ?

LES AGROGLYPHES

Imagine : au milieu d'un champ, certains plants de céréales sont couchés, aplatis. Et, vu du ciel, cela forme des images géométriques : des agroglyphes. Certains pensent que ce sont les extraterrestres qui les créent, mais non. Ce sont de petits farceurs, des humains, qui s'amusent pendant la nuit à préparer cette espèce de graffiti géant. Il y en a qui ont vraiment du temps à perdre !

LES GUÉRISSEURS

As-tu déjà entendu parler de gens qui auraient le don de soigner les autres par le toucher ou même par la pensée ? On les appelle les guérisseurs. Ils seraient par exemple capables de faire arrêter une blessure de saigner. Encore une fois, on n'a jamais pu le vérifier. Cependant, on dit souvent que le simple fait d'y croire peut aider à la guérison. Comme quoi il vaut toujours mieux être optimiste !

LES MOUSSES DE NOMBRIL

Tu sais, ce sont ces petites mousses, souvent bleutées, qu'on voit parfois dans les nombrils creux ? Peut-être pas dans le tien, mais probablement dans celui de ton papa. Car, selon une étude, il y en aurait davantage chez les hommes plus âgés et poilus. Mais d'où viennent ces mousses mystérieuses ? Probablement du tissu des vêtements que les poils font rouler jusque-là. À moins que tu aies une meilleure explication !

LE TRIANGLE DES BERMUDES

Cette zone en forme de triangle, située dans l'océan Atlantique, reste encore bien mystérieuse. En effet, plusieurs bateaux et avions y auraient disparu ! Comment cela s'explique-t-il ? On pense que, à cet endroit, de puissants champs magnétiques provoquent de violentes tempêtes qui entraînent des pannes puis des accidents. Rien de bien surnaturel, puisque les tempêtes sont la principale cause des disparitions de navires et d'avions.

LE COUP DE FOUDRE

As-tu déjà ressenti une attirance très forte pour un joli garçon ou une jolie fille ? Si, en sa présence, ton cœur se met à battre plus vite, tes jambes ramollissent et tu arrives à peine à t'exprimer, c'est que tu viens d'avoir un coup de foudre. On dit même que ce phénomène est causé par un tout petit nerf situé entre le crâne et le nez. Vrai ou faux, peu importe, cette sensation est tellement agréable !

LES COÏNCIDENCES

Bien qu'on cherche souvent à les expliquer, rien ne prouve que les coïncidences sont autre chose… que le hasard ! Si, un jour à l'école, un de tes amis et toi portez tous les deux des bas jaunes à pois rouges, n'essayez pas de savoir pourquoi. Il n'y a rien à comprendre. Sauf que vos mères ont de bien drôles de goûts quand elles achètent des bas !

1492

LES VOYAGES DANS LE TEMPS

Qui n'a pas rêvé, un jour, de retourner dans le passé pour voir de quoi avaient l'air ses parents à son âge ? Dommage, mais c'est impossible. Pourquoi ? Si un voyageur du futur nous visitait et, par malheur, empêchait son père de rencontrer sa mère pour la première fois, il risquerait de ne même pas venir au monde. Tu me suis ? Dans ce cas, comment ferait-il pour être ici ? Ça n'a aucun sens !

LES PRÉDICTIONS DE NOSTRADAMUS

Michel de Nostredame, mieux connu sous le nom de Nostradamus, est un médecin français qui a vécu au XVIe siècle. Il est surtout célèbre, aujourd'hui, pour ses poèmes qui prédiraient l'avenir. Depuis, des gens essaient de trouver des liens entre ses textes et certaines choses qui arrivent dans le monde. Puis, ils disent que Nostradamus les avait prévues. Et si ses poèmes contenaient les réponses à mes examens !

LES FANTÔMES ET LES MAISONS HANTÉES

On dit qu'une maison est hantée quand un fantôme en a fait sa demeure. Sais-tu ce qu'est un fantôme ? C'est une personne décédée qui revient dans le monde des vivants, sous la forme d'un esprit. Même si bien des gens prétendent en avoir vu, l'existence des fantômes n'est pas démontrée pour autant. Sauf peut-être le soir de l'Halloween !

LE SIXIÈME SENS DES ANIMAUX

On dit parfois que les animaux possèdent un sixième sens et qu'ils savent, par exemple, qu'un tremblement de terre ou une grosse tempête s'en vient. Bon, il est vrai qu'ils perçoivent des choses que les humains ne détectent pas. Mais, en réalité, ils utilisent leur nez, leurs yeux et leurs oreilles, comme nous. Simplement, les leurs fonctionnent bien mieux.

LA TÉLÉKINÉSIE

On appelle télékinésie le pouvoir de contrôler des objets par la pensée. Imagine une personne qui allumerait la télévision rien qu'en se concentrant. Plutôt pratique, non? Pour vérifier tout ça, des chercheurs ont créé des tests, mais aucun des participants ne les a réussis. Alors, jusqu'à preuve du contraire, c'est impossible. Désolée, vous devrez encore utiliser votre bonne vieille télécommande.

LES INFLUENCES DE LA LUNE

Est-ce qu'on serait plus énervé les jours de pleine lune ? Durant cette période, nos cheveux pousseraient-ils plus vite ? C'est ce que croient bien des gens. Pourtant, l'effet de la Lune sur le comportement des humains n'a jamais été prouvé par les scientifiques. Toutefois, cet astre joue un grand rôle dans la formation des marées de la mer. Alors, qui sait ? peut-être la Lune nous influence-t-elle, nous aussi !

LE YÉTI OU L'ABOMINABLE HOMME DES NEIGES

On décrit le Yéti comme une espèce de gros singe poilu un peu plus grand qu'un homme. Il vivrait dans l'Himalaya, une vaste chaîne de montagnes d'Asie. Bien qu'on en parle souvent, aucune photo, aucune vidéo ni la moindre touffe de poils ne confirme les histoires des « témoins ». En tout cas, moi, je prépare une expédition pour le trouver !

LE CLONAGE

Un clone est une copie parfaite d'un être vivant, son double, en quelque sorte. Tu connais peut-être la brebis Dolly ? Elle est la première à avoir été créée ainsi, en laboratoire. Mais est-ce qu'on verra un jour des clones humains ? On peut en douter. Plusieurs pays ont interdit aux scientifiques de tenter l'expérience, qui est de toute façon presque impossible à réaliser. Ce n'est donc pas demain qu'on pourra jouer avec notre copie conforme.

LES BAS QUI DISPARAISSENT DE LA SÉCHEUSE

Selon moi, c'est l'un des plus grands mystères qui soient. As-tu déjà entendu ta mère dire que les bas avaient disparu de la sécheuse ? Mais où donc se cachent-ils ? Restent-ils enfermés là pour toujours ? Vont-ils au paradis des bas ? Mieux encore : et si la sécheuse était le nouveau moyen de téléportation ! Ce serait trop cool. Si jamais tu découvres quoi que ce soit là-dessus, dis-le-moi, parce que j'aimerais bien retrouver mes bas, moi aussi !

Les éditions de la courte échelle inc.
5243, boul. Saint-Laurent
Montréal (Québec) H2T 1S4
www.courteechelle.com

Révision:
André Lambert

Collaboration aux textes:
Philippe Daigle

Conception graphique de la couverture:
Élastik

Muse: Franck Blaess

Dépôt légal, 4e trimestre 2008
Bibliothèque nationale du Québec

La courte échelle reconnaît l'aide financière du gouvernement du Canada par l'entremise du Programme d'aide au développement de l'industrie de l'édition pour ses activités d'édition. La courte échelle est aussi inscrite au programme de subvention globale du Conseil des Arts du Canada et reçoit l'appui du gouvernement du Québec par l'intermédiaire de la SODEC.

La courte échelle bénéficie également du Programme de crédit d'impôt pour l'édition de livres — Gestion SODEC — du gouvernement du Québec.

Catalogage avant publication de Bibliothèque et Archives Canada

Groovie, Annie

Léon et les grands mystères

(Collection Albums)
(Rigolons avec Léon)

ISBN 978-2-89651-087-0

1. Curiosités et merveilles - Ouvrages pour la jeunesse.
I. Titre. II. Collection: Groovie, Annie. Rigolons avec Léon.

AG243.G76 2008 j034'.102 C2008-941484-5